Samuel Wilhelm Oetter

Bestätigte Wahrheit, daß die blaue Farbe die Hauptfarbe der Bayern gewesen sei

Samuel Wilhelm Oetter

Bestätigte Wahrheit, daß die blaue Farbe die Hauptfarbe der Bayern gewesen sei

ISBN/EAN: 9783743378896

Hergestellt in Europa, USA, Kanada, Australien, Japan

Cover: Foto ©ninafisch / pixelio.de

Manufactured and distributed by brebook publishing software (www.brebook.com)

Samuel Wilhelm Oetter

Bestätigte Wahrheit, daß die blaue Farbe die Hauptfarbe der Bayern gewesen sei

Bestättigte
Wahrheit,
daß die
blaue Farbe die Hauptfarbe
der
Baiern gewesen seie
in
einem Schreiben
an
Se. Hochwolgeborn
Herrn
Joh. Mart. Max. Einzinger
von Einzing
Kaiserl. Pfalzgrafen in München
vorgetragen
von
Samuel Wilhelm Oetter
Hochfürstl. Brandenb. Geschichtschreiber.

Regensburg, 1786.
in der Montagischen Buchhandlung.

Eure Hochwolgeborn erinnern mich mit dem leztern zu meinem größten Dank beehrten Schreiben an eine Arbeit, welche ich hätte schon längst unternehmen sollen, mir aber wegen anderer Geschäften aus dem Gedächtnis gekommen ist. Sie thun dieß mit folgenden Worten: „In dem mir überschickten Fürst Oettingischen Wappen vom J. 1238. zeiget der Kupferstich, daß das blaue Herzschildlein gegittert oder geschachtet, ich hätte bald gesaget, gewecket seie. Wenn dieß noch dazu mit einer genealogischen Tabelle bestärket wird, wie groß wird nicht die Muthmasung, daß das Fürst Oettingische Haus von einem baierischen Regenten abstamme! — Im zweiten Band meines baierischen Löwens ist S. 57. eine Merovingische Stammtafel anzutreffen und zugleich die Quelle, woraus ich selbige genommen, welche einen Ißenbart Grafen von Altorf ums J. 780. bekannt gemacht, wovon unter andern Grafen auch ein Arnold Graf von Oettingen abstammet. Ißenbart ist der Stammvater der ältern Welphischen Linie, welche eine Zeitlang in Baiern regieret und das Ambergau eigenthümlich beseßen haben. Vielleicht hat das hohe Oettingische Haus die baierische Farbe zum Andenken seiner baierischen Abkunft von jeher beibehalten. Allein Davus sum, non Oedipus.„ Diese Worte waren mir höchst erfreulich zu lesen; weil sie mich an eine Arbeit erinnerten, welche die blaue baierische Farbe betrift und weil Sie wegen dieser Farbe auch meiner Meinung beipflichten. Es wird Ihnen nicht unbekannt seyn, was ich in meinen Wappenbelustigungen von den Hauptfarben der Franken, der Schwaben und der Baiern vorgebracht habe. Nämlich, daß die ersten ihre Schilde weiß und roth, die andern weiß und schwarz oder auch schwarz und gelb, die leztern aber blau und weiß bemalen lassen. Wider diese Meinung ist ein vortreflich gelehrter und hochberühmter

Mann

Mann aufgestanden, nämlich der Herr Pfeffel von Kregelstein, damals hochansehnlicher Director der kurbairischen hochlöblichen Academie der Wißenschaften in der historischen Claße, lezt aber königlich französischer Parlementsrath zu Colmar. Dieser große Mann hat in dem dritten Band der Abhandlungen der kurfürstlich baierischen Academie S. ~~145.~~ meine Meinung geprüfet und es ist die größte Ehre für mich, daß dieß geschehen ist. Sie ist aber nach seiner Meinung nicht gegründet. Daher hat er sie verworfen; aber aus solchen Gründen, welche gar keinen Stich halten. Ich will sie hier anführen und prüfen. Alsdann werde ich Eu. Hochwolgeborn ersuchen nach Dero grossen Einsichten in dergleichen Dingen über beide Meinungen das Urtheil zu fällen. Ich verliere hiebei nichts, wenn ich unrecht haben sollte. Denn ich suche blos die Wahrheit. — Ich will nun die wider mich gebrauchten Waffen des Herrn von Pfeffels eine nach der andern vorbringen und prüfen. Am ersten nimmt er das Wappenbild der Baierischen

Pfalz-

Pfalzgrafen aus dem Hause Ortenburg, welches ein Panter Thier gewesen ist. Dazu sezt er S. 135. dieses: Wollen wir iezt die Farben kennen, womit unser Pfalzgraf Baierischer Panter ausgemalet zu werden pflegte: so lehret uns dieses eine vortresliche und mit einer Menge der wichtigsten Umstände angefüllte Fortsezung des *Martinus Polonus*, deren Autor zu den Zeiten Kaisers Ludwig V. gelebet hat. Anno 1245. Fridericus Dux Austriae Vlricum Ducem Karinthiae captivavit. Qui dum, sicut ab antiquo ad eum devenerat pantherae figura in signis militaribus vterêtur, *conformis in hoc principatui stirensium*, Fridericus Dux Austriae hoc ferre non valens, clipei et armorum Australium dimidiatione sibi indulta, priori abolita, eum dimisit: qui ex origine stirpis, ut dicitur, de qua pater suus ex materno sanguine processerat, texuit reliquam partem scilicet trium leunculorum, et sic clipeum et armorum suorum effigiem integravit.

Es ist zu verwundern, daß der Herr von Pfeffel, dieser so erleuchtete Mann, hat
auf

auf dieſe Fabel ſo viel bauen, und die Fortſezung des Martinus Polonus eine vortrefliche und mit einer Menge der wichtigſten Umſtände angefüllte Fortſezung nennen können. In keinem Stück ſind die Schriftſteller mitlerer Zeiten fabelhafter, als wenn ſie den Urſprung der Wappenbilder angeben wollen. Sie waren auch in keinem Stück weniger zu Hauſe als in der Heraldick. Dieß kam nun daher: Sie hatten mit allen Wiſſenſchaften zu thun; nur mit den Heraldiſchen nicht. Darum machen ſie auch ſo viele Fehler, oder fabelhafte Beſchreibungen von dem Urſprung der Wappenbilder. Ein gleicher Fabel Hans iſt der oben angezogene Schriftſteller. Ich will iezt nicht unterſuchen, ob der Herzog in Oeſterreich den Herzogen Ulrichen von Cärnthen habe im Jahr 1245. gefangen genommen. So viel iſt gewiß, daß lezterer in ſelbigem Jahr noch nicht Herzog war. Dieß kann man daher abnehmen, weil damals ſein Vater Bernhard ſich noch am Leben befande, und erſt im Jahr 1256. das Zeitliche geſegnet hat. Es iſt auch nicht wahr, daß der Herzog in Oesterreich dem Herzogen in Cärnthen sein Wappen abgenommen hat. Denn einmal war es nicht gewöhnlich, denen, die in einer Schlacht gefangen wurden, ihre Wappen nämlich den Schild zu nehmen. Nur in dem Zweikampf nahm man sie, wenn es möglich war, und dieß war ein grosses Unglück. Es ist hier um so weniger eine Ursach zu finden, warum der Herzog in Oesterreich sollte sein Wappen genommen haben; da der Herzog Ulrich nicht der erste war, der dieß Wappen führte, und weil dieß Wappen dem Herzogen im Oesterreich nichts schadete. Und was für ein absurdes Vorgeben ist nicht dieß! Der Herzog in Oesterreich nimmt dem Herzogen in Cärnthen sein Familienwappen und gibt ihm dafür das Oesterreichische. Dieß Vorgeben ist ia höchst absurd. Noch mehr bezeugen die Siegel dieses Ulrichs bei dem Herrn P. Frölich in der Archontologia Carinthiae und in den Monumentis Boicis Tom. V. Num 7. daß dieß nicht geschehen seie. Der Herzog führet ia in selbigem das Pantherthier noch immer, nämlich im Jahr 1257. Endlich weiß

weiß man auch, daß der Kaiser Ottocar in Böhmen das heutige Cärnthische Wappen im Jahr 1264. eingeführet hat. Da dem obigen Geschichtschreiber die Ursache nicht bekannt war, warum dieß der König in Böhmen gethan hat: so erdachte er diese Fabel. Inzwischen ist so viel gewiß, daß die Herzogen von Cärnthen und die von Steier einerlei Bild nämlich das Pantertbier in ihren signis militaribus nämlich in dem Schild und in der Fahne geführet haben. Nun fragt sichs: von was für einer Farbe dieß Pantertbier gewesen seie? Der Herr von Pfeffel gibt es für grün aus. Er meinet dabei, dieß seie das ächte Steierische Wappen gewesen, ehe die Maler und Kupferstecher das grüne unbekannte Pantertbier in einen grünen Drachen verwandelt hätten. Aber Spener, worauf er sich beruft, ist kein unverwerflicher Zeuge. Denn dieser gründet sein Vorgeben auf das Zeugnis eines neuen Schriftstellers. Das Steierische Pantertbier ist niemals von grüner Farbe gewesen. Man kann es daher schon abnehmen. Die grüne Farbe

Farbe war eine Jägers Farbe und keine heroldische. Daher kommts, daß der hohe und niedere Adel seinen Schild und das Bild in demselben nicht mit dieser Farbe vorgestellet hat. Nur bei einigen wenigen vom niedern Adel trift man diese Farbe an. Vermuthlich zielt sie auf den ehemaligen Stand dieser Personen. Vielleicht aber war ienes Panterthier auch von blauer Farbe, welche mit der Zeit oder durch das Alterthum in die grüne ausgeartet ist. Man sieht dieß an den blauen Tüchern, wenn sie abgetragen sind. Sie werden grün, weil der Grund so ist. Ein Exempel, daß die blaue Farbe in die grüne ausgeartet ist, habe ich in der Probe einer wöchentlichen Wappenbelustigung an dem Herzoglich Sächsischen Wappen beigebracht. Von was für einer Farbe war denn das Cärnthische und Steierische Panterthier? Frölich sagt, es wäre dieß unergründlich. Ich glaube aber, daß dieß doch zu ergründen seie. Der Herr von Hoheneck hat im ersten Theil der genealogischen Beschreibung der heutigen Osterreichischen Stände das Wappen der Stadt

Stadt Steier vorstellen laßen, und dieß ist ein weißer Panter im grünen Feld. Ich halte aber nicht dafür, daß dieß das Wappen der Grafen von Steier gewesen seie. Vielmehr glaube ich, daß da Steiermark an Oesterreich und nach Ausgang dieses Hauses an Dietmar von Steier gekommen, welcher aus dem Geschlecht der alten Grafen von Steier gewesen, selbiges das Wappenbild dieses Herrn mag gewesen sein. Denn um diese Zeit nahmen die Städte die Wappen ihrer Herren an. Es thut nichts, daß der Panter nicht blau erscheinet. Nicht alle Herren konnten den Panter in blauer Farbe führen. Die Nebenlinien mußten andere Farben nehmen. So machten es auch die Herren von Berneck, Hohenberg und Losenstein, welche alle aus jenem Geschlechte waren, aber den Panter in verschiedenen Farben führten. Dieß mußte nun sein oder deswegen geschehen; damit sie sich von einander unterscheiden mögten. Deswegen konnten nicht alle ein blaues Thier führen. Aber doch haben die Grafen von Stahrenberg, welche aus eben diesem

Geschlecht

Geschlecht entsprossen, ein blaues Panterthier im Schild und auf dem Helm. Dazu kommt dieß. Der Freiherr von Hoheneck hat am angezogenen Ort, S. 89. das Wappen der Stadt Ens vorstellen laßen und saget dabei, daß es ein weißes Panterthier im blauen Felde seie. Ganz gewiß war dieß Panterthier das Wappenbild der alten Markgrafen in Steier. Hierauf hat er S. 129. das Wappen des Klosters Gärsten vorgestellet, welches ein gelbes Panterthier im blauen Grund vorstellet. Also ist auch hier die blaue Farbe. Da dieß Kloster von dem Markgrafen in Steier gestiftet worden: so ist die Ursache zu errathen, warum selbiges dieß Wappen bekommen hat. Man wird seine Ursache gehabt haben, warum man dieß Panterthier hat in gelber Farbe vorstellen lassen; wenn sie anders ist recht bemerket worden. In beiden befindet sich nun die blaue Farbe. Eben diese Farbe haben gewiß die Herzogen in Cärnthen geführet. Man wird hievon dadurch überzeuget werden, wenn man nach der Farbe des Pfalz Baierischen Panterthiers fraget.

Der

Der Herr von Pfeffel gibet es auch für grün aus (S. 136.) Aber ich zweifle stark daran und zwar aus schon angezogenen Ursachen. Vielmehr bin ich überzeuget, daß es blau gewesen seie. In einem alten gemahlten Wappenbuch wird unter andern, das Herzog Baierische Wappen vorgestellet. Bei diesem Wappen ist zur rechten Hand das Wappen der Stadt München, nämlich ein Mönch abgebildet. Zur linken Hand aber siehet man das Wappen von Ingolstadt und dieß ist ein blaues Panterthier in einem weißen Schild. Dieß bestättiget auch das Turnirbuch; denn dieß berichtet in Burgermeisters Bibliotheca Equest. Tom. II. pag. 304. also: der zwei und dreißigst Turnir zu Ingelstatt gehalten. Das Wappen der Statt Ingelstatt an der Donaw im Land zu Beyern gelegen, darinn der zwei und dreißigst Turnir gehalten worden ist. Das Thier blauw die Ohren, Zung und Klohen rot, im weissen Feld. — Gewiß führet jene Stadt dieß Wappenbild bis auf dem heutigen Tag. Aber wie ist sie dazu gekommen? Man weiß, daß

die

die Herzogen in Baiern ein Pantherthier in ihren Sigeln geführet haben. Man weiß auch, daß sie es wegen der überkommenen Pfalzgräfischen Güter angenommen haben. Hieraus folget, und die Folge ist sicher, die Pfalzgrafen in Baiern müßen ein solches blaues Panter geführet haben. Denn die geerbten Wappenbilder änderte man nicht leicht. Hieraus folget aber weiters, die Herzogen in Niederbaiern müßen Ingolstadt dieß Wappenbild verliehen haben. Es ist nun ausgemacht, daß die Herzogen in Cärnthen, die Markgrafen in Steier und die Pfalzgrafen in Baiern die blaue Farbe geführet haben. Doch scheinet wahrscheinlich zu seyn, daß diese drei Häuser, um sich von einander zu unterscheiden, dieß Panter nicht alle in blauer Farbe geführet haben. Vermuthlich hat eines davon dieß Thier von weißer Farbe in einem blauen Felde geführet. Der Herr von Pfeffel hat also hiemit nichts bewiesen und es scheinet als wenn mein Lehrgebäude sich auf einmal wieder aufrichten wollte. Vielleicht richtet es sich völlig wieder, wenn ich werde

die

die übrigen Waffen geprüfet haben. Der Herr von Pfeffel hält diese zwar für so stark, daß er S. 138. §. 7. also ausruft: durch diese Umstände leidet das Oetterische System von den allgemeinen Landes Farben einen unwiederbringlichen Abfall. Er glaubet also, damit mein Lehrgebäude zu Grunde gerichtet zu haben. Aber er meinet es nur. Auch diese neue ausgesuchte Waffen sind viel zu schwach, dieß zu thun. Ich muß sie anführen und auf die Probe nehmen. Der Herr Gegner will mein Lehrgebäude auch dadurch über den Haufen werfen, weil es in Baiern einige Grafen gegeben hätte, in deren Schild man die blaue und weiße Farbe nicht antreffe, und daß auch iezt in Baiern alte vornehme Häuser diese Farbe nicht hätten. Das ist wahr. Aber hebt denn eine Ausnahma von der Regel deswegen die Regel selbst auf? Und dieß zum ersten. Für das zweite folget nicht, daß wenn ich sage die blaue und weiße Farbe seie die Hauptfarbe der Baiern gewesen, sie alle Baiern, alle Grafen und Dynasten in ihren Fahnen und Schild und alle andere von der Ritterschaft

in

in ihren Schilden geführet haben. Es ist keine Folge, daß gerad alle in Baiern gesessenen Familien die blaue Farbe führen müßen. Genug, daß sie die vornehmsten und meisten geführet haben. Und genug, daß die National-Fahne oder die Herzogliche Fahne, unter welcher die Gräflichen und andere Herrschaftliche Fahnen zu Feld gezogen sind, die blaue Farbe gehabt habe. Damals hatte jede Hauptnation auf dem Reichstage noch viel zu sagen und hatte ihre unabänderliche Fahnen-Farbe, und Fahnen-Figur, welche von dem Geschlechtswappen des regierenden Herzogs oft sehr unterschieden waren. Es war auch nicht nöthig, daß der Schild und das Bild in demselben allemal blau gewesen ist. Genug, wenn nur der Schild oder das Bild die blaue Farbe hatte. Einen blauen Schild hatten die Grafen von Neuburg, die Grafen von Hademarsberg und die Grafen von Falkenstein, imgleichen die Grafen von Vohburg. Diese Grafen hatten ihren Schild mit der blauen baterischen Farbe bemalen laßen. Es wundert mich daher gar sehr, daß mein

Herr

Herr Gegner diese Exempel hat wider mich können anführen. Sie sind gerad wider ihn und nicht wider mich. Sie bestättigen ia mein Vorgeben. Darnach ist noch nicht ausgemacht, ob die angeführten Grafen, welche die Baierische blaue Farbe in ihren Schild, wie bekannt nicht hatten, von Geburt wirklich Baiern waren. Sie können von einer andern Provinz nach Baiern gekommen seyn. Da hatten sie nun nicht nöthig, die Farbe ihres Schildes und des darin befindlichen Bildes zu ändern. Ich will dieß durch ein Exempel erläutern. In Franken war die rothe und weiße Farbe die Hauptfarbe. Als die Herren Grafen von Zollern Burggrafen in Nürnberg wurden und also in Franken wohnten: so nahmen sie die Fränkische Farbe nicht an. Sie brachten vielmehr ihre Schwäbische schwarze und weiße Farbe mit nach Franken, ob sie sich gleich nicht Grafen von Zollern, sondern Burggrafen in Nürnberg schrieben. Auch kleideten sie ihre Diener und Soldaten nach dieser schwarzen und weißen Farbe, auch noch, da sie schon Kurfürsten in

B   Bran-

Brandenburg waren. Mit dem Hause Hohenloh hat es gleiche Bewandnis, wie ich in der historischen Betrachtung über das Hohenlohische Wappen bereits gezeiget habe. Die Grafen von Görz waren ursprünglich Franken. Als sie nach Görz kamen: so brachten sie die rothe Fränkische Farbe mit dahin, wie ihr Schild bezeuget. Die sogenannten Markgrafen zu Schweinfurt waren ursprünglich Baiern oder Oesterreicher, welches eins ist. Sie wurden in Franken begüttert. Sie bekamen die Herrschaft Schweinfurt und dahin brachten sie die Baierische Farbe, nämlich den blauen Adler, der noch daselbst bekannt ist. Kann es denn mit den Grafen und Herren in Baiern, in deren Schild man die blaue Farbe nicht siehet, gleiche Bewandnis haben? So weiß man auch, daß wenn Familien sich theilten, sie öfters auch ihre Farbe in ihrem Schild änderten, um sich von einander zu unterscheiden. Kann es denn mit den Baierischen Herren, welche die blaue Farbe nicht haben, auch so bewand seyn? Und wie viele vornehme Familien sind nicht in Baiern und

andern

andern Provinzien ausgestorben? Wieviele Häuser sind nicht in den Kreuzzügen abgestorben? Diese Grafschaften, diese Herrschaften und diese Rittergütter bekamen neue Besizer aus andern Provinzien und diese brachten ihre alte Wappenbilder mit dahin. Mit denen in Baiern noch blühenden vornehmen Häusern kann es gleiche Beschaffenheit haben. Denn es ist keine Folge: dieser Graf, dieser Dynast und dieser Ritter schreibet sich von einem Baierischen Schloß, seine Vorältern schreiben sich noch dazu etliche hundert Jahr von diesem Schloß: also war dieß Geschlecht ursprünglich aus Baiern. So darf man nicht schlüßen. Gesezt auch, sie wären wirkliche Baiern: so wird dadurch mein Saz noch nicht entkräftet, daß die blaue Farbe nicht die Hauptfarbe in Baiern gewesen seie. Denn diesen angeführten Exempeln kann ich viele andere und zum Theil sehr ansehnliche Familien entgegen stellen, welche alle die Baierische blaue Farbe geführet haben. Sie sind zwar meistens ausgestorben; aber dieß entkräftet deswegen meinen Saz nicht. Ich will mit

mit Oesterreich anfangen. Denn diese Provinz gehörte bekannter Maßen ehehin zu Baiern oder sie stunde unter dem dasigen Herzoge. Die ehemaligen Besizer dieser Markgrafschaft und also die vornehmsten Baierischen Herren führten die blaue Baierische Farbe, wie bekannt genug ist. So hatten auch folgende Herren ein blaues Wappen. Entweder war der Schild blau oder das Bild in selbigem hatte eine blaue Farbe. Einen solchen blauen Schild und auch Helmkleinod hatten 1) die Herzogen in Crain 2) die Grafen von Cili, deren blauen Schild die Grafen von Heimburg geführet haben a) 3) die Grafen von Görz

---

a) So berichtet Jacob Unrest in der Cärnthischen Chronic S. 516. Das Geschloß Cili ist von Alter gewesen der Grauen von Heunburg nach der aller Tod ist es erblich gefallen auf die Herrn von Sanegkh, die haben sich darauf Graffen laßen. Und die Graffen von Heynburg habn in ihrem Schilt gefuert drey gelb Stern in einem plabn Velt, darnach habn alle Graffen von Cili dieselb Wappen in dem Furm (Form) auch geführt.

Görz *b*) 4) die Grafen Rachze oder Rez *c*) 5) die Herren von Julbach, deren blauen Sparn nachgehends die Grafen von Schaumburg bekamen, und als diese im J. 1560. ausfturben, an die Herren Grafen von Starenberg gelangte, welche ihn nun nebst dem blauen Pantertier führen. 6) Die Herren von Pettau, welche auch ein solch Wappen führten, wie die Herren von Julbach. 7) Die Grafen von Steier, welche einen blauen und weißen Schild hatten und damit auch die Helmkleinod bezeichnet ist. Es mögen noch ausserdem viele Familien in Oesterreich gewesen sein, welche die blaue Farbe führeten, die aber nun aus-

---

b) Diese Grafen führeten im Schild ein doppeltes Wappenbild oder eines wurde nach der alten Weise mit dem andern vereiniget; wie es der Augenschein gibet. In einem ist die blaue Farbe.

c) So berichtet Pez in den Scriptor. Rev. Austr. Tom. II. pag. 81. §. 2. Comites de Rachez — hodie Rezzense Austriae transdanubiae municipium vulgo Rez nuncupatum, *clypeum cum campo coeruleo*, in eoque lunam, ut dicitur cornutam stellamque lunae oppositam etc.

ausgestorben sind und von deren Wappen man nichts mehr weiß.

Nun komme ich nach Baiern. Und hier führeten die blaue Farbe 1) die Grafen von Hohenwart 2) 3) die Grafen von Andechs und nachmaligen Herzogen von Meran, welche alle drei einerlei Geschlechts waren 4) die Grafen von Hohenwart 5) die Grafen von Abenberg, die Mitstifter des Klosters Heilsbrun d) 6) die Grafen von Bogen 7) die Grafen von Castell 8) die Grafen von Amerthal, welches eigentlich die Markgrafen zu Schweinfurt waren, deren Wappen diese Stadt noch führet, nämlich den blauen Adler, 9) die Grafen von Sulzbach 10) die Grafen von Falkenstein 11) die Grafen

---

d) Die Grafen von Abenberg hatten einen blauen Schild, welcher mit zwei weissen Löwen bezeichnet war. Auf dem Helm hatten sie zwei blaue Hörner. Sie sind von den Grafen von Abenzberg unterschieden. Insgemein werden sie mit einander verwechslet. Abenberg gehöret jetzt dem Hochstift Eichstätt. Vorher war es ein Eigenthum der Herren Burggrafen in Nürnberg, welches sie von den Grafen von Abenberg geerbet haben.

fen von Neuburg 12) die Grafen von Habsmersberg 13) die Grafen von Vohburg 14) die Grafen von Hirschberg, welche ihren Hirschen auf einen blauen Hügel führten 15) die Grafen von Lechsgemünd 16) die Grafen von Graisbach 17) die heutigen Herren Grafen von Papenheim, welche ursprünglich Baiern sind, und sich ehedin von Calechin, eigentlich Calentheim schrieben, vid. Monum. Boj. Tom. I. p. 218. 18) die Herren von Heideck 19) die Herren von Laber 20) die Landgrafen von Leuchtenberg und 21) die Grafen von Hals 22) die Grafen von Dillingen, deren Wappen das Hochstift Augsburg führet. 23) Die Grafen von Burgau und andere mehr. Dazu kommen folgende adeliche Familien, und vielleicht sind auch einige Freiherrliche darunter, als: 1) die von Kaltenthal 2) die Rosenfeld 3) die Sternfels 4) die von Mannsberg 5) die von Frauenberg 6) die von Blankenstein 7) die von Breitenstein 8) die von Nideck 9) die von Sperberseck 10) die von Neueneck 11) die von Lichteneck 12) die von Hohenfels 13) die

die von Wernau 14) die von Blumenberg 15) die Nothhaft 16) die von Freiberg 17) die von Stauf 18) die Schmiechen 19) die Judenmänner 20) die von Grafenreuth 21) die Harschkircher 22) die Freiberger 23) die Nusberger 24) die Buchberger 25) die Schweppermann 26) die von Hilboldstein 27) die von Stauf 28) die von Rezenhof 29) die von Ror 30) die Reidel 31) die von Rimbach 32) die von Wels, welche sechs leztere Familien alle einerlei Schildsfarbe hatten. Und da es auch in Franken verschiedene adeliche Familien giebet, welche die blaue Farbe führen, als die Herren von Aufses und von Künsberg: so scheinet mir wahrscheinlich zu seyn, daß ihre Stammväter aus Baiern nach Franken gekommen seien. Von den Herren von Künsberg weiß man gewiß, daß ihr Stammhaus in Baiern gelegen seie. Machen nicht diese angeführten Grafen und Herren den größten Theil von Baiern aus? Ist ihre Anzahl nicht größer als diejenige, welche der Herr von Pfeffel mir entgegen gestellet hat? Und wieviele

viele noch andere Familien werden nicht in Baiern gewesen sein, welche die blaue Farbe geführet haben, nun aber ausgestorben und ganz unbekannt sind? Mus daraus nicht also sicher geschloßen werden: so viele Grafen und Herren, ia die vornehmsten Herren in Baiern führten die blaue Farbe; also muß diese Farbe die Hauptfarbe gewesen sein. Dazu kommen noch die Städte in Baiern, welche eben diese Farbe führen. Da ist am ersten die bischöfliche Residenz Eichstätt zu merken, welche in Baiern lieget und in ihrem Wappen die blaue und weisse Farbe führet, und gewiß gehörte sie ihren vormaligen weltlichen Herrn. Oettingen in Baiern führet auch die blaue Farbe, ingleichen Erdingen, Neustadt, Osterhofen. Landshut führet drei blaue Hüthe. e) Scherdingen hat aber ausser-

dem

---

e) Wie ein altes gemaltes Wappenbuch bezeuget. Das angezogene Turnierbuch beschreibet das Wappen der Stadt Landshut S. 244. also: Dieser Turnir ist zu Landshut in Bayern an der Iser gehalten worden, auf des reichen Herzog Ludwigs von Bayern Beyschlaffen

(Beidem Baierischen Wappen eine blaue Schere im weißen Schild. Die Stadt Pfaffenhofen führet einen weißen und blau gekleideten Pfaffen. Und vielleicht ist der weiße Adler, der sonst auch in Gold vorgestellet wird, im blauen Feld, welchen die Stadt Nürnberg führet, auch aus Baiern dahin geflogen. Aus was für Ursachen hat man diesen Städten und vielleicht andern mehr, die mir nicht bekannt sind, die blaue und weiße Farbe gegeben? Aus keinen andern, als weil sie in Baiern die Hauptfarbe gewesen ist. Vielleicht rühret der Mährische blaue Schild auch aus Baiern her. Und vielleicht hat den Brandenburgischen blauen Schild mit dem Scepter einer von den Churfürsten aus dem Baierischen

---

(Beilager) deßen Wappen oben weiß unten blau. Die Hüthe sind hier nicht bemerket. Ein Huth ist Custodia Capitis und daher hat er seinen Namen. Landshut aber ist Custodia terrae seu provinciae oder ein Schloß, welches zur Verwahrung oder Schuz des Landes erbauet war. Darum führet diese Stadt Hüthe im Wappen. Dieß Bild ist aber nicht wol ausgesonnen.

schen Hause in die Mark Brandenburg gebracht; wenn dieser Schild anderst so alt ist. Denn das älteste Insigne dieser Markgrafen war ein Schlüßel und dieser reimete sich zu dem Erzkämereramt besser als der Scepter —

Aber, nun kommt noch etwas wichtiges, womit der Herr Gegner meinem Lehrgebäude den lezten Stos geben will. Ich habe in den Wappenbelustigungen gesagt, daß der blaue und weiße Schild der Herzogen in Baiern Stammwappen seie oder von den Grafen von Wittelsbach herrühre. Mein Herr Gegner aber tritt auf und sagt, es seie nicht wahr. Denn die Grafen von Wittelsbach hätten einen silbernen Schild mit einer eckigt ausgekrümmten rothen Strasse von ieher geführt. Wenn mein Herr Gegner das Wittelsbachische Wappen besser kennen sollte als ich: so wäre es kein Wunder; Denn er hatte Gelegenheit, so viele Archive und Denkmale in den Klöstern durchzusehen. Es mag also das Wittelsbachische Wappen seine Richtigkeit haben; wie auch ein ungenannter

Schrift-

Schriftsteller, welcher aber der Herr Pater Scholliner Benedictiner zu Oberaltaich in Baiern ist, in dem also betitelten entscheidenden Beweis, daß das eigentliche Geschlechtswappen der Pfalzgrafen von Witelsbach und nachmaligen Herzogen in Baiern vor dem Jahre 1242. weder Adler noch Wecken, sondern die sogenannten Sparen gewesen sein, im Jahr 1779. dargethan hat. Aber deßen Färbe ist nicht richtig angegeben. In dem schon oben angezogenen Wappenbuch ist S. 94. ein Wappen abgebildet, welches diese Aufschrift hat: Eckhart mit dem Puntschuh Pfalzgraf zu Schewern vnd Hertzog in Bayrn. Der Schild aber ist mit vier Bildern bemalet. Erstlich stehet man das blaue und Baierische Wappen und darneben den Pfälzischen Löwen. Unter dem Baierischen Wappen stehet das Scheuerische und neben demselben ein dunkelblauer oder schwarzer Schuh oder vielmehr ein ganzes Bein, welches mit einem rothen Band umwickelt ist, in einem gelben oder goldnem Feld. Die Helmdecken

cken sind auf beiden Seiten durchaus blau und weiß. Auf dem gekrönten Helm aber befindet sich ein doppelter Flug, welcher mit dem blauen und weißen Baierischen Wappen beleget ist, und in der Mitte sizt ein vor sich sehender roth gekrönter gelber Löwe. Nun mus noch das Scheuerische Wappen in Betrachtung gezogen werden. Der Schild ist nicht weiß, sondern blau. Diese Farbe muß richtig angegeben seyn. In eben diesem Wappenbuch wird S. 449. ein Wappen abgebildet, welches gerad so aussieht, wie das Scheuerische, *f*) nur daß das Bild weiß und

der

---

f) Dergleichen Figur führen auch die Brendel von Homburg in der Wetterau. Imgleichen die von Siersberg, wie in des Herrn von Hontheim Histor. Trevir. Diplomat. Tom II. Tab. I. zu sehen ist. Da Manterscheid nach Tab IV. eben dieses Wappenbild führet; die von Siersberg aber ein Unterscheidungszeichen haben: so ist dieß ein Beweis, daß beide Geschlechte einen Ursprung haben. Die von Burinzheim führen nach Tab. V. eben dieß Wappenbild, und auch die von Tris nach Tab. IX. und noch andere mehr.

der Schild blau vorgestellet ist. Darüber stehet von Wihiningen oder Wehingen und dabei auch diese Worte: Schewren fürt disen Schilt, aber das weiß sol gelb seyn. Es muß also eine außgemachte Sache seyn, daß der Scheuerische Schild ist in einer blauen Farbe vorgestellet worden. Wobei besonders zu bemerken ist, daß in dem Kloster Scheiern ein schönes vom J. 1466. auf Pergament geschriebenes lateinisches Meßbuch sich befinde, in deßen Anfangsbuchstab die Scheierischen Sparren in Gold, aber in einem blauen Feld zu sehen sind. Eben so zeigt sich dieß Wappen noch zweimal in einem andern Buch vom J. 1458. wie der gelehrte Herr Verfaßer der Abhandlung von dem Wittelsbachischen Wappen S. 38. §. 5. berichtet. Auf die Denkmale, welche in Klöstern anzutreffen sind, darf man sich nicht allemal so sicher verlaßen. Viele sind hundert und mehrere Jahre darnach, oder auch in den neuern Zeiten erst verfertiget worden, da man das Wappen des Herrn, zu deßen Andenken das Monument errichtet wurde, nicht mehr wußte oder kennete.

Das

Daher hat man so viele falsche Wappen, wo insonderheit die Farben sind nicht recht vorgestellet worden. Auf steinernen Monumenten konnten auch die Farben nicht so deutlich angezeiget werden. Auf den Sigeln konnte dieß auch nicht geschehen. Doch, da iene Wappen in dem Scheierischen Meßbuch mit lebendigen Farben gemalet sind: so kann kein Irrthum vorgegangen seyn und im Kloster Scheiern muß man seine guten Ursachen gehabt haben, das Scheierische Wappenbild im blauen Feld anzustellen. Vielleicht haben die verschiedenen Linien in diesem Hause durch die Farben ihres Wappenbilds sich von einander unterschieden. So viel bleibt ausgemacht, daß die Grafen von Scheiern ihren Schild oder das Bild in demselbigen haben in blauer Farbe vorstellen laßen. Mithin wird mein Saz hierdurch aufs neue bestärket; da auch das vornehmste Haus in Baiern die blaue geführet hat. Aus was für Ursachen aber mein Herr Gegner das Bild in diesem Schild eine gekrümte Straße nenne, dazu sehe ich keinen Grund ein. Diese

Figur,

Figur, aber in andern Farben, führen noch verschiedene Familien, welche nicht vom hohen Adel waren, und mein Wappen nennet sie ein Rech. Soll dieß Wort so viel als einen Rechen (instrumentum dentatum) bedeuten: so weiß ich nicht, was diese Figur damit für eine Aehnlichkeit habe. Vielleicht hat dieß Wort eine andere Bedeutung. Der oben angezogene ungenannte Schriftsteller nennet diese Figur einen Sparren; aber ich kann nicht sagen, aus was für Ursachen. Es ist unnöthig, sich darum weiter zu bekümern, was diese Figur eigentlich vorstellen solle. Ob aber der Pfalzgraf Eckart von Scheuern gerad diese Wappenbilder geführet habe, wie sie in dem Wappenbuch sind vorgestellet worden, das kann ich weiter nicht beweisen. Genug ist es, daß es mit dem Scheuerischen Wappen und deßen Farbe seine Richtigkeit habe. Auch das will ich nicht untersuchen, ob dieser Pfalzgraf in seiner Fahne, als er ins gelobte Land zog, den blau und rothen Schuh, oder den bunden Fuß geführet habe.

Aber,

Aber, wenn dieß Wappenbild das Scheierische ist, was soll dann der blaue und weiße Schild vorstellen, welchen die Herzogen in Baiern führen? Das soll das Wappenbild der abgestorbenen bairischen Grafen von Bogen seyn; wie der gelehrte Herr Pat. Scholliner meynet. Und wenn dieß wahr wäre: so würde mein System dadurch nicht zernichtet, sondern vielmehr erhalten, oder noch mehr gegründet. Denn dieß bewies, daß auch die Grafen von Bogen die blaue Baierische Farbe geführet hätten. Daß aber dieß Wappenbild den Grafen von Bogen gehöret habe, das sucht der oben angezogene Anonymus in einer andern Schrift vom J. 1776. unter dem Titel: Historisch Heraldische Abhandlung von dem Wappen der Pfalzgrafen von Wittelsbach und nachmaligen Herzogen in Baiern, besonders darzuthun. Hier führet er S. 20. an, daß als die Grafen von Bogen im J. 1242. ausstarben, ihre Grafschaft an den Herzogen in Baiern gefallen seie, und unter andern auch deswegen, weil er mit dem Grafen von Bogen einerley Geschlechts

schlechts gewesen wäre. Dieß hätte den Herzogen bewogen auch das Wappen der Grafen von Bogen anzunehmen; und das seie eben das Wappen, welches die Herzogen von Baiern bis iezt führen. Er beruft sich deswegen auf eine Kloster Oberalteichische Reinchronik, worinn unter andern dieß vorkommet: Der edlen Grafen von Bogen Helm, Schild und Wappen; Ist kommen an die hochgebornen Fürsten löblich — von payren mit erbschaft und Namen ewiglich. Sodann führet er weiters an, er hätte noch nicht das Glück gehabt, ein Sigel Herzogs Otto nach dem J. 1242. zu sehen, um daraus zu bestimmen, ob er sogleich die Wecken in seinem Schild versezet, oder sich nur seines vorigen mit dem Pfalz Reinischen Löwen bedienet habe. Doch vermuthet er das erstere, weil deßen älterer Sohn Ludwig der Strenge noch bey Lebzeiten seines Vaters in einem großen Sigel vom J. 1247. wie auch Heinrich der zweite Sohn, blos die Wecken ihres Vaters Bruder des Grafen Albrecht von Bogen ohne den Löwen führeten. Dabei gedenket er er weiters, daß dieß keine Rittersigel seien und daß Herzog Heinrich in einer Urkunde vom J. 1279. sich vernehmen ließe, er hätte die vorige Freyheitsbestättigung unter seinen neuen Rittersigel erneuret, worinn auf dem Hauptschild die Wecken, auf den zwei andern aber der Reinische Löw und das Panterthier erscheine. Daraus seie nicht ohne Grund zu schließen, daß er bis auf diese Zeit sich seines vorigen geheimen Sigels mit dem einzigen Wecken bedienet habe. Dazu sezet er noch mehr, daß seit dem J. 1272. auch das Rittersigel Herzogs Ludwig des Strengen vorkäme, darauf er blos die Wecken führe, und ob er gleich bei der väterlichen Erbtheilung die Pfalzgrafschaft am Rhein nebst Oberbaiern bekommen, er sich nicht einmal des Pfälzischen Löwens, noch weniger des Panterthiers bedienet hätte. Endlich führt er an, daß seit dieser Zeit die Wecken dem durchleuchtigsten Hause Pfalz und Baiern ganz eigen geworden seie, daß man sie in allen Sigeln antreffe und daß zu verwundern seie, daß man auf den Sigeln der Söhne Herzogs Lud-

Ludwig des Strengen, nämlich Rudolph und Ludwig, nachmaligen Kaisers, nur diese Wecken ganz allein antreffe. Was dieser ungenannte Schriftsteller hier vorgebracht hat, will ich ietzt in eine kurze Prüfung nehmen. Es ist wahr, daß im J. 1242. die Grafen von Bogen ausgestorben sind. Auch das ist wahr, daß ihre Grafschaft an die Herzogen von Baiern gekommen ist. Aber das ist nicht wahr, daß die Herzogen in Baiern den Schild, Helm und den Titel der Grafen von Bogen angenommen haben. Zwar sagt dieß die angezogene Reinchronik; man stehet aber daraus, daß sie in den neuern Zeiten verfertiget worden, wo es gewöhnlich war, den Schild, Helm und Namen einer geerbten Grafschaft anzunehmen. Im dreyzehenden Jahrhundert aber war dieß noch nicht gewöhnlich. Aeltere Geschichtschreiber, welche diese Begebenheit auch erzählen, sagen hievon kein Wort. Der Vitus Prior Ebersberg berichtet g)

in

---

g) In des Herrn Oefele Scriptor. Rer. Boj. Tom II. pag. 716.

in seiner Baierischen Chronik kurz: Comitus Bogen devenit ad manus Ducum Bavariae. Hier stehet nichts davon, daß die Herzogen in Baiern den Schild, Helm und Namen von der Grafschaft Bogen angenommen hätten. Es ist dieß auch nicht geschehen. Man hat seit dem die Grafen von Bogen ausgestorben waren, so viele Urkunden von den Herzogen in Baiern aufzuweisen. Aber in keiner einzigen siehet man, daß sie sich Grafen von Bogen genennet hätten. Ist dieß nicht wahr, so kann auch das, was von dem Schild und Helm gesagt wird, nicht wahr seyn. Dieß würde sich dadurch Sonnen klar zu Tage legen, wenn es wahr wäre, was der Herr von Pfeffel vorgibet, nämlich daß der Herzog Ludwig schon im J. 1230. die Baierischen blauen und weißen Wecken geführet hätte und deswegen ein Sigel von ihm hat abbilden laßen. *h)* Aber dieß Sigel ist nicht richtig ab-

---

h) In den Monument. Boj. Vol. III. Tab. II. Num. 6. und in der Erläuterung der Baierischen Sigel zielet er S. 111. auch darauf.

abgebildet, wie der ungenannte Herr Verfaſſer des Beweiſes, daß das Geſchlechts-Wappen der Pfalzgrafen von Wittelsbach Sparren geweſen ſeien, deutlich gezeiget hat. Denn bey dieſer Schrift iſt jenes Sigel deutlicher und beßer abgebildet. Von dem Baieriſchen Wecken ſiehet man nichts. Aber die Sparren, wenn man ſie ſo nennen darf, ſiehet man auf das deutlichſte, wenn anders auch hier kein Fehler vorgegangen und die Einbildungskraft nicht zu viel geſehen hat. So viel iſt gewiß, daß das dabei in Kupfer abgebildete Sigel des Kloſters Scheiern und das dort vorgeſtellte Wappen dem Scheieriſchen nicht gleich komme und dieß ſoll doch das Scheieriſche Wappen vorſtellen. Doch es mag ſeyn, wie es will: ſo kann ich doch nicht glauben, daß die Herzogen in Baiern das Wappen der abgeſtorbenen Grafen von Bogen angenommen haben und zwar aus dieſer Urſache. Der Herzog Otto, welcher die Grafen von Bogen erbete, hatte in ſeinem Schild ſchon ein Bild, und dieß war der Pfälziſche Löw, wo man in den Monument.

Boj.

Boj. Tom. I. Tab. I. Num. 8. an einem Siegel vom J. 1233. sehen kann. Weil er sich auf diesem Sigel vernehmlich als Pfalzgrafen am Rhein vorstellen ließe: so nahm er das Wappenbild dieser Pfalzgraffchaft; denn diese gieng Baiern vor. Er hatte also nicht nöthig, das Bogenische Wappenbild anzunehmen. Und wenn auch die Grafen von Bogen und die Herzogen von Baiern aus einem Hause gewesen sind: so hatte doch das Herzoglich Baierische Wappen mehr zu bedeuten, als dieses. Das Scheuerische Wappen war nun ein Herzogliches Wappen. Es war besser als das gräfliche. Es reimte sich auch zu der Herzoglichen Würde und Titel besser als zu dem Gräflichen. Und war es denn gewöhnlich, daß wenn ein Fürst, ein Herzog, oder ein anderer Herr eine Grafschaft erbte, er deren Wappen annahm und sein väterliches dafür verließ? Nein: dieß war durchaus nicht gewöhnlich. Die Herzogen in Baiern haben noch andere ansehnliche ausgestorbene Grafschaften bekommen, aber von keiner nahmen sie das Wappen und nochweniger deren

C 4   Titel

Titel an. Mit der Grafschaft Bogen muß es gleiche Bewandnis haben. Da sie den Titel dieser Grafschaft nicht annahmen: so nahmen sie auch diese Wappen nicht an. Diese Grafschaft und die andern Grafschaften waren ohnehin Pertinenzien, von dem Herzogthum Baiern; daher war es nicht nöthig, daß die Herzogen deswegen ihre Wappen und Titel annahmen. Dabei will ich zugeben, daß die Grafen von Bogen auch ein solch Wappenbild, wie die Herzogen in Baiern geführet haben; aber es kann unter beiden doch ein Unterschied gewesen sein. Dasienige, was dort blau war, kann hier weiß gewesen sein und so auch umgekehrt. Es können auch in dem Bogner Schild weniger Wecken gewesen sein. Man hat genug Exempel, daß zwei unterschiedene Häuser ähnliche Wappen geführet haben. Und wenn es wahr ist, daß die Grafen von Bogen ein solch Wappen geführt haben: so leidet mein System dadurch weiter keinen Stoß. Vielmehr wird es dadurch noch besser gegründet. Denn auch die Grafen von Bogen führten die blaue Farbe im Schild.

Nun

Nun komme ich auf dasjenige, was der ungenannte Herr Schriftsteller von dem Wappen Herzogs Ludwig des Strengen und seines Bruders vorgetragen hat. Jener hatte im J. 1247. noch kein Rittersigel. Es hatte aber auch seine guten Ursachen. Diese waren folgende. Einmal war er noch nicht wehrhaft gemacht, und wenn auch dieß gewesen wäre: so war er doch nicht regierender Herr. Denn sein Vater lebte noch. Da er nun nicht wehrhaft gemachet war: so konnte er sich nicht zu Pferd mit der Fahne, mit dem Schwerd und Schild vorstellen lassen. Erst im J. 1253. wurde er wehrhaft, wie ich dieß in der Vorrede zum 5ten Theil meiner Wappenbelustigungen S. 9. gezeiget habe. Auch sein Bruder Heinrich wurde mit ihm wehrhaft gemacht. Jener hätte ehender können wehrhaft gemacht werden; aber er mußte auf diesen warten, damit sie beide zugleich könnten wehrhaft gemacht werden, weil eine solche Handlung einen großen Aufwand verursachte. Was Ludwig im J. 1247. vornahme, das that er als Advocat des Klosters Seon, welches ihn zu seinen

Advocaten erwählet hatte, wie die Urkunden in den Monument. Boj. bezeuget. Die andere Urkunde vom J. 1251. betrift das Kloster Baumburg. Dieß hatte den Herzogen Otto in Baiern und dessen Sohn zu seinem Advocaten erwählet. Hierüber wurde ein Instrument verfertiget oder der Herzog stellte deßwegen einen Revers aus. Sein ältester Sohn, der in der Urkunde dilectus filius noster Ludovicus genennet wird, hängt sein Sigel daran, weil er der älteste war und weil er ein Sigel hatte. Der jüngere Bruder aber hatte noch kein Sigel, er hatte auch keins nöthig und darum konnte er keines daran hangen. Es war auch keines zu dieser Urkunde nöthig. Dabei ist noch zu erinnern, daß der Herzog Ludwig der Strenge nicht erst 1271. angefangen ein Ritterssigel zu führen, wie der obige Anonymus vorgibt. Schon im J. 1253. muß dieß geschehen seyn, da er wirklich regierender Herzog geworden ist. Im J. 1265. und 1267. hatte er gewiß ein solch Sigel. Dieß bezeugen die Sigel an den Urkunden, welche ich im zweiten Versuch der Burggräflich Nürnbergischen Geschichte

S.

S. 432. und 476. beigebracht habe und besonders die Urkunde, welche ich daselbst habe nebst dem Sigel nach den Originalzügen in Kupfer stechen lassen. Hier siehet man nichts als das Baierische Wappen. Der Herzog Heinrich aber hatte damals noch kein geheimes Sigel, wie der Herr Anonymus vorgiebet. Er hatte noch kein Rittersigel. Wo dieses fehlte, da war noch kein geheimes Sigel; denn dieß wird jenen entgegen gesezet. Wenn man hiebei zugiebet, daß das heutige Baierische Wappen auch die Grafen von Bogen geführet haben und daß es die Herzogen von ihnen angenommen haben, weil diese Grafschaft ebehin zum Baierischen Hause gehöret hat, wie der Vitus Presbyter. pag. 716. unter andern berichtet: et sic iterum Comitatus devenit ad manus Ducum Bavariae; was hat aber diese Herzogen bewogen, das alte Scheuerische Wappen zu verlassen, welches noch der Großvater Ludwig des Strengen, nämlich der Herzog gleiches Namens geführet hat? Sollte man hieraus nicht schlüssen, dieß Wappen müsse das rechte Wittelsbachische Wappen gewe-

gewesen sein? und nicht dasjenige, welches die Grafen von Scheuern führten. Hiezu kommt dieß. Eine geborne Baierische Pfalzgräfin hat das Kloster Baumburg gestiftet. In dasiger Klosterkirche stehet man ihr Monument, welches im zweiten Theil der Monument. Boj. in Kupfer abgebildet ist. Auf diesem stehet man zu ihrer Rechten das heutige Baierische Wappen. Das muß nothwendig ihr Familien oder ihres Vaters Wappen sein. Es beweißt aber auch, daß es müsse ein uraltes Familien Wappen gewesen sein. Dieß kann man daher schlüssen, weil der Herzog Ludwig der Strenge, sein Bruder und des ersten Sohn, der nachmalige Kaiser, dieß Wappenbild ganz allein in ihrem Schild geführet haben; aber das Pfalz Reinische entweder gar nicht, oder in einem andern Schild, wenn sie zu Pferd vorgestellet werden. Dieß beweißt, daß dieß ein vorzüglich geachtetes Wappen gewesen seie, und woher konnte dieß anders kommen, als weil es ein uraltes Familien Wappen gewesen ist. Und noch etwas. In einem andern gemalten Wappenbuch werden

den unter andern die Wappen einiger Grafen in Baiern als der Grafen von Andechs und anderer, insonderheit auch der Bundschuh in einem besondern Schild abgebildet. Darunter ist auch eines, welches die Aufschrift hat: der Pogen. Der Schild aber hat die blaue Baierische Farbe, in welchem drei gelbe oder goldene Bogen zu sehen sind. Was sollten denn dieß für Grafen von Bogen sein? Sind es eben diese, welche die Herzogen in Baiern geerbet haben oder sind es andere? Nein. Es können keine andere sein als diese. Also hatten diese Grafen zweierlei Wappenbilder. Dieß siehet man auch auf den Grabsteinen zweier Brüder aus diesem Hause in dem Kloster Oberalteich, als die zwei verschiedene Schilde haben, wie der Herr Anonymus in der Betrachtung über das Wittelsbachische Wappen S. 30. bezeuget. Aber warum sind bei diesem Hause zweierlei Wappenbilder und noch dazu völlig von einander unterschieden gewesen? Eine schwere Frage, die ich den gelehrten Herren Baiern zur Beantwortung überlassen will. Hier bin ich kein Oedipus.

Doch

Doch fället mir gerad ein, daß sie Eure Hochwolgeborn schon im vorigen Jahr also in einem mich beehrten Schreiben also beantwortet haben: Als Herzog Ludwig I. in Baiern der minderjährige zugenannt, die Gräfin Ludomilla, Wittwe zur Gemahlin nam, deren Gemahl Graf Albert III. von Bogen im Jahre 1198. starb, so erhielten die 3. Stiefsöhne Leitpold, Berchtold III. und Adelbert IV. von ihrem Stiefvater dem Herzoge die Niederbaierische Staathalterschaft. Vor Erlangung dieser Würde führten die beeden Brüder Berthold III. und Albert IV. nur ihr Geschlechtswappen, nämlich einen gespannten Schießbogen; nach erhaltener Staathalterschaft in Niederbaiern bedienten sie sich, absonderlich in Amtsverrichtungen sowohl in Sigeln als auf der Fahne eines geweckten Schildes als eines Amtswappen (die in Mon. Boi. vorkommende Sigel geben hierüber ein unverwerfliches Zeugniß) doch sezten sie ihr Geschlechtswappen und ihr Amtswappen niemals in einen Schild zusammen. Die heut noch blühende davon abstammende gräfliche Familie von Arco

hin-

hingegen führt ein zusammgeseztes Wappen, wo in einem Feld das gräfliche Geschlechtswappen mit dem Bogen und im andern Feld der blau und weiß geweckte Baierische Schild erscheinet. Auf nicht ungleiche Weise wird auch das hohe Haus Oettingen mit ihrem Geschlechtswappen und Baierischen Amtswappen verfahren sein. Diese ist hievon meine Hipothese, woran ich mich halte, bis es gründlich wird widerlegt worden seyn. Wenn dieß, wie ich nicht zweifle, gegründet ist: so folget, daß die Grafen von Bogen ihr Wappen von den Herzogen in Baiern, entlehnet haben und diese nicht von jenen.

Und nun komme ich wieder auf die Baierische Farbe zurück. Ich muß noch einen Beweis hinzuthun, daß keine andere als die blaue Farbe könne die Hauptfarbe in dieser Provinz gewesen sein. Dieser Beweis gründet sich auf die Hauptfahne, welche die Baiern müssen ehehin geführet haben. Es ist bekannt, daß iedes Volk, auch in den urältesten Zeiten, ein Zeichen hatte, bei welchem sie sich ver-

verſammleten, wenn ſie einen Landtag und
Gerichte hielten, oder wenn ſie in Krieg ziehen wollten, und im leztern Fall nahmen ſie
ſelbige mit ſich. Dieß Zeichen nannte man
eine Fane. Sie wurde deswegen mit in den
Krieg genommen, damit die Soldaten wuß-
ten, woran ſie ſich halten ſollten. Und damit
ſie auch deſto nachdrücklicher fechten mögten:
ſo hat man ihnen weiß gemacht, es beruhe
ihre Ehre und die Wolfahrt des Vaterlandes
darauf, wenn ſie zur Erhaltung dieſes Zei-
chens Blut und Leben aufopferten. Dieſe
Fane war eigentlich ein Spieß, welcher ein
Kreuz vorſtellete, (denn ſie gehörte zu den
armis offenſivis und defenſivis zugleich) an welchem ein dünnes Tuch von zweierlei Farben
hienge. Und dieß Tuch, welches aber deswegen dünn war, damit es deſto leichter zu tragen und zu erhalten geweſen iſt, hieß Signum
und die Fane überhaupt haſta ſignifera.
Eine ſolche Fane hatte aber deswegen zweierlei Farben, damit ſie deſto ſchöner in die
Augen fiele (und deswegen auch die Schilde
mit zweierlei und manchsmal mit dreierlei

Far-

Farben bemalet wurden) und damit die Soldaten und die dazu gehöreten, sie von Ferne desto ehender erblicken konnten. Daß aber die Fane von zweierlei Farben bei allen Völkern gewesen seie, darüber will ich iezt keinen Beweis anführen. Aber nur ein Volk, nur die Scythen muß ich anführen, weil sie die Stammväter unserer alten Deutschen sind und auch von ihnen viele Gebräuche angenommen haben, die noch gewöhnlich sind. Diese hatten nun auch eine Fane, welche Suidas, der bekannte Geschichtschreiber beschreibet, und nach der genausten Uebersezung aus dem Griechischen also lautet: Signa Scytha, quae ferunt in bello, funt lintea quaedam feu vela variis tincta coloribus vel colore variegata, quae ad effigiem feu fpeciem maxime ferpentum affimilatae funt et fuspenfae e mediocribus haftis. Hier ist nun die Fane der Scythen auf das deutlichste beschrieben. Nur ist Schade, daß nicht gesagt worden, von was für Farben selbige gewesen seie. Gleiche Beschaffenheit mußte es nun auch in Deutschland haben. Dieß wurde in verschiedene

dene Völkerschaft eingetheilet und iedes Volk mußte seine Fane haben, damit man wußte, zu welcher Nation man gehöre und wozu man sich halten sollte. Iede Fane mußte ein Unterscheidungszeichen haben, damit man wißen konnte, zu welcher Provinz sie gehöre. Dieß Unterscheidungszeichen war nicht ein Bild, sondern das Tuch, welches von zweierlei Farben war. Alle Provinzen Deutschlands konnten nicht einerlei Farben haben. Sonst hätte man sie ia von andern nicht unterscheiden können. Diese Farben müßen auch beständig einerlei gewesen sein. Dieß hätte sonst eine Unordnung angerichtet, wenn eine Provinz bald diese, bald iene Farbe zu seinem Feldzeichen genommen hätte. Iede Fane mußte mit der Schildfarbe des Herzogs, oder wie der Anführer sonst hieß, bezeichnet sein, damit man wißen konnte, welchem Herrn die Fane gehörte. Baiern, diese Hauptprovinz von Deutschland muß nun auch seine Fane mit zweierlei Farben gehabt haben; damit sie sich dadurch von andern Völkern unterschiede. Aber, von was für einer Farbe war

diese

diese Fane? War sie roth, oder schwarz, oder blau? Roth kann sie nicht gewesen sein; denn dieß war die Hauptfarbe der Franken. Und einerlei Farben können zweierlei Provinzien nicht geführet haben. Auch nicht schwarz kann sie gewesen sein; denn diese Farbe hatten die Schwaben. Auch grün nicht; denn dieß war eine Jägersfarbe, und da die Saracenen diese Farbe für heilig hielten, weil der Prophet Mahomet sich in diese Farbe kleidete: so enthielten sich die Christen um so mehr der grünen Farbe bei den Kreuzzügen, weil die Saracenen bei Erblickung dieser Farbe würden noch grausamer geworden sein. Was blieb also den Baiern für eine Farbe übrig? Keine andere als die blaue. Wer alle Umstände bedenket, der kann hieran im mindesten nicht zweiflen. Wenn man dabei die in kupfergestochenen Sigel der alten Herzogen in Baiern betrachtet und insonderheit die Fanen: so siehet man deutlich, daß sie von zweierley Farben gewesen seien. Denn diese Farben sollen die Striche in selbigen anzeigen. Dieß bemerket man insonderbeit auf den Sigeln Herzogs Heinrich des Löwen. Und auch der Schild hat viel ähnliches mit dem heutigen Herzoglich Baierischen Wappen. Wenn auch der alte Baterische Held, welchen Lazius hat mit dem blau und weißen Schild vorstellen laßen, sollte erdichtet seyn: so kann doch dadurch die Wahrheit bestättiget werden, daß man die blaue und weiße Farbe in den ältesten Zeiten für die Hauptfarbe in Baiern gehalten habe.

Und hiermit hätte ich zur Bestättigung der Wahrheit, daß die blaue Farbe die Hauptfarbe der Baiern gewesen sete, alles gesaget. Nun will ich noch eine Frage hinzuthun, nämlich, was denn die blau und weißen Figuren in dem Baierischen Wappen eigentlich vorstellen sollen? Hierauf hat der Herr von Pfeffel schon geantwortet. Er meint, es seie die undankbarste Bemühung, den Ursprung alter Wappenbilder und vornehmlich denienigen nachzuspüren, welche so einfach und so ungekünzelt aussehen, wie das Baierische.

Er

Er meint, sie seien nach der Weise abgebil=
det, wie sie die alten Deutschen in Gewohn=
heit hatten und wie sie Tacitus beschreibet,
daß sie nämlich ihre Schilde mit allerhand
schönen und bunten Farben (lectissimis coloribus) bemalet hätten. Er sezt aber gleich
hinzu, daß wenn iemand dieser Gedanke nicht
gefallen sollte: so könnte das Baierische blau
und weiße Wappen auch daher seinen Ur=
sprung genommen haben. Der hohe Adel
hätte im zwölften und dreizehenden Jahrhun=
dert mehrern Theils vergoldete oder übersil=
berte Harnische getragen und über dieselbi=
gen eigene färbigte Wappenröcke, darein al=
lerhand Figuren ausgeschnitten gewesen, durch
welche die Vergoldung des Harnisches her=
vorschimern konnte. Er glaubt, die Herzo=
gen von Baiern hätten auch die Gewohnheit
gehabt, versilberte Harnische zu tragen und
daß ihre blaue Wappenröcke (er gestehet
hiermit selbst, daß die blaue Farbe die vor=
nehmste Farbe in Baiern gewesen seie) seien
rautenförmig ausgeschnitten gewesen. Hier
dünket ihm, hätte man die völlige Figur der

Bai=

Baierischen Wecken und vielleicht ihren Ursprung auf einmal entdecket. Ich aber glaube, daß hier nicht die Figur der Baierischen Wecken, noch weniger aber ihr Ursprung entdecket seie. Zu dieser vermeinten Entdeckung hat ihn Du Cange geholfen oder dazu verleitet. Von dem auch der Herr Eſtor verführet worden, welcher den geſtreiften thüringiſchen und heſſiſchen Löwen von den vermeintlich ausgeſchnittenen Waffenröcken, aber vergebens, hergeleitet hat. Wäre der Herr von Pfeffel bei der erſten Meinung geblieben: ſo würde er allen Beifall verdienet haben. Aber die leztere hat nicht den minderten Grund. Die Waffenröcke waren nichts weniger als ausgeſchnitten. Dieß bezeugen ſo viele Sigel. Man darf nur die Sigel der Herzogen von Baiern betrachten, welcher der Herr von Pfeffel hat bei dieſer Abhandlung in Kupfer ſtechen laßen. Keines iſt ausgeſchnitten. Das mit Num. 2. bezeichnete ſiehet dem Baieriſchen Wappenbild ſehr ähnlich. Gar leicht könnte ſelbiges ſein; denn man weiß ja, daß die Herren haben

ihre

ihre Wappenbilder auf den Waffenröcken anbringen oder vorstellen laßen. Doch will ich nicht hartnäckigt behaupten, daß auf gedachtem Baierischen Sigel oder auf den Waffenröcken das Baterische Wappenbild zu sehen seie. Das Panzerhemd, wie man es sonst nennte, welches von Drath war, konnte also geflochten gewesen sein. Man darf nur des Spelmanns Aspilogie S. 76. auffuchen: so wird man davon die Ueberzeugung bekommen. Ja, auch die Damen ließen ihre Wappenbilder also auf den Kleidern anbringen, wie man bei diesem Buch in den Noten über Uptons Buch de studio militari pag. 64. sehen kann. Und eben daselbst S. 77. kommt das Bild eines Ritters vor, der auch einen Wappenrock mit seinen Wappenbildern über dem Panzer an hat. Und im dritten Theil meiner Wappenbelustigungen habe ich aus eben diesem Buch einen andern Ritter in Kupfer vorstellen laßen, der über seinem Panzer auch einen solchen Waffenrock mit den Wappenbildern aber nicht ausgeschnitten hat. Andere Gelehrte haben von der Bedeutung dieses Wappenbildes wieder andere Gedanken. Ich will sie nicht alle anführen. Nur die Meinung einiger großen Männer will ich in Betrachtung ziehen. Der ehemalige große Ludwig hatte von dem Baierischen Wappen den kleinsten Gedanken, wenn er saget, die alten Schilder der Deutschen seien aus Schilf, Weiden oder Rohr geflochten gewesen und daher seien die Figuren dieses Wappens entstanden. Er siehet daher diese Figuren für ein dergleichen Geflechte an. Wie klein ist nicht dieser Gedanke! und wie wenig Wahrscheinlichkeit hat er nicht: denn nicht von der Materie, woraus der Schild bereitet war, bekam der Schild sein Bild. Nur von den Farben, womit er bemalet wurde, erhielte er sie. Ein anderer Professor zu Halle hatte wieder andere Gedanken. Es ist dieß der ehemalige berühmte Zschackwiz. Dieser gibt in seiner Heraldic iene Figuren für Waffen aus und in der Einleitung zu den vornehmsten Rechtsansprüchen der gekrönten hohen Häupter erkläret er sich S. 342. deutlicher,

cher, was sie für eine Art von Gewehr vorstellen sollen, wenn er also schreibet: so sind diese sogenannte Wecken, gleichwol nichts anders, als eine gewisse Art Gewehr, Streithämmer und dergleichen, deren man sich vor diesem im Krieg bedienete und davon in der Heraldic umständlich gehandelt wird. Da nun die Baierische Nation, eine der tapfersten Deutschen Völker mit ist, sich auch mit ihren Einfällen am ersten herfür gethan, so ist nicht abzusehen, warum von diesem vormaligen Hauptgewehr, dessen sich die Baiern allem Ansehen nach am ersten bedienet, nicht das Baierische Wappen entstanden seyn sollte; da denn das Silber die Tapferkeit des Volks, das blaue aber dessen Liebe vor die Religion, vor die sie sonderlich gestritten und in der auch noch wie sonst, der gemeine Mann andächtig ist, andeuten sollen, welches vielleicht mit der Eigenschaft der Nation und der vormaligen Zeiten besser heraus kommt, als wenn man eine Art Brod daraus machen will, obgleich diese geringschäzige Erklärung mit der Fruchtbarkeit des Landes

ent-

entschuldiget werden könnte. Doch eben die Unkentniß unsers vormaligen Kriegswesens, hat, als man aus der Heraldic eine Wissenschaft gemacht, in selbige die Irrthümer von dem Ehrenzeichen hineingebracht, von denen man, insgemein daher zu schwazen pfleget, als ob selbige nur aus Linien bestanden, da sie doch vielmehr gar was anders, und nach damaligen Zeiten, recht was kostbares gewesen. Dieß sind wunderbare Einsfälle. Dieser Mann hält alle Bilder in den Schilden für Waffen. Zu diesen Gedanken hat ihn das Wort Wappen verletzet. Er hat so geschlossen, weil die Schilde Wappen heissen, also müssen die Bilder in selbigen Waffen vorstellen. Daher gibt er auch vor, daß die Balken, welche man in den Schilden sehe, seien nichts als Cingula militaria. Und dazu mußte er sie machen, weil sie nichts ähnliches von den Waffen haben. Und was dergleichen Träume mehr sind. Aber was für Waffen sollen denn die Figuren in dem Baierischen Wappen vorstellen? Streithämmer. Aber dergleichen

chen Streithämmer hat es nicht gegeben. Wenigstens hat man noch keine solche gefunden. Und warum hat man denn so viele Streithämmer in einen Schild gesezet? Wären denn nicht schon einer, zwei oder drei genug gewesen? Allerdings. Diese wären hinlänglich gewesen, den Schild zu bezeichnen. Denn so viel sollen die Wappenbilder bedeuten. Oder sie sind nichts anders als Zeichen des Schilds, daran man ihn erkennet. Der Upto nennet in seinem angezogenen Buch S. 250. eine solche Figur mascula, welches Wort ich aber nicht verstehe. Und auf der folgenden Seite stellet er einen Schild vor, wie der Baierische aussiehet, und schreibet dazu: et nota, quod ista arma vocantur masculata, in quibus dictae masculae incipiunt plenissime in dextro angulo scuti, vt hic, et terminantur versus partem sinistram. Quae tamen arma de facto sunt palata et dividuntur in tres palos si subtiliter concipiantur. Et habens ista arma, portat arma masculata de argento et asorio. — So stehet das Baierische Wappen

pen aus. Auch dieser Mann hat wunderliche Einfälle von der Bedeutung der Wappenbilder. Was andere hievon halten, das will ich nicht anführen. Ich will nur meine Gedanken darüber beibringen. Einmal ist ausgemacht, daß der Baierische Schild nach der urältesten Weise der Deutschen bezeichnet seie. Denn das Wappenbild ist nichts anders als ein Merkmal, womit der Schild bezeichnet und dadurch von einem andern unterschieden ist, wie oben schon bemerket worden. Also bezeichneten die alten Deutschen ihre Schilde. Sie bezeichneten sie mit den schönsten oder auserlesensten Farben, wie Tacitus saget, und welcher dergleichen gesehen hat. Dieß will so viel sagen. Sie bemalten ihre Schilde mit solchen Farben und Figuren, daß sie schön in die Augen fielen oder einen schönen Anblick gaben. Sie stelleten also selbige auch künstlich vor; denn unsere alten Deutschen hatten ihre Maler. Und damit dieß geschehen mögte: so bezeichneten sie ihre Schilde nicht mit Thierbildern. Denn diese machen in den Schilden keine

schöne

schöne Figur. Sie bezeichneten sie mit auserlesenen Farben und machten solche Figuren, die schön in die Augen fielen. Diese Wahrheit erläutert am besten unser Herzoglich Baierisches Wappen. Es ist nach der Weise der alten Deutschen eingerichtet oder bemalet und ist ein sehr altes Wappenbild. Man hat eigentlich keine Figuren damit vorstellen wollen. Nur den Schild hat man so bemalen wollen, daß er schön in die Augen fiel. Und gewiß präsentiret sich dieser Schild ungemein schön, wenn man ihn mit lebendigen Farben bemalet siehet. Will man diesen Bildern ia einen Namen geben und dieß Kind muß auch einen Namen haben: so kann man sie nicht besser oder nicht deutlicher als in die Quere gelegte Spizwecken nennen. In andern Schilden stehen diese Wecken gerad oder in die Höhe. Und dieß war ein sehr gewöhnliches Bild oder Figur, womit die Schilde bezeichnet wurden. Diese aber sind quer geleget, damit sie von andern unterschieden

wur-

wurden. Mit solchen Bildern oder Figuren ist nun der ganze Schild angefüllet, damit er einen desto schönern Anblick geben mögte. Aber wieviel solche Spizwecken müssen denn eigentlich in diesen Schild abgebildet sein? Mus denn eine bestimmte Anzahl sein? Ja. Ich schlüße es daher. In dem mehrmalen angezogenen gemalten Wappenbuch stehen bei dem Baierischen Wappen diese Worte von einer alten Hand geschrieben: Hieronimus Behem 1) sagt mir, als er ettwa bey Hertzogen Ott-heinrich gearbeitet, in der Pfalz vmbher gemalt, hat man ihm befolhen 21. Wecklein zu machen ganz vnd stückh durch einander. Also mus der Herzoglich Baierische Schild in den ältesten Zeiten mit ein und zwanzig Figuren bezeichnet worden sein. Das oben angezogene Sigel des Herzog Ludwig des Strengen vom Jahr 1247. kommt damit bis
auf

---

1) Er war ein berühmter Maler von Nürnberg.

auf eines überein. Es hat 20. solche Figuren. Ob aber hier ein Geheimnis verborgen seie, oder ob diese 21. Figuren eine besondere Bedeutung haben sollen, das weis ich nicht zu sagen. Andere werden dieß auch nicht wissen. Aber warum sind sie blau vorgestellet worden? Und noch deutlicher zu fragen: Warum haben die Baiern die blaue Farbe zu ihrer Hauptfarbe genommen? Was Zschackwiz deswegen gesagt hat, das gehöret mit zu seinen Erdichtungen. Und was der Ioh. de Bado Aureo in seinem Buch de Armis pag. 6. von der Bedeutung der blauen Farbe fabuliret hat, das mag ich nicht anführen. Denn es ist zu eckelhaft. Nicht viel besser ist, was der Upton am angezogenen Ort S. 107. von dieser Farbe beygebracht hat. Es kann seyn, daß die blaue Farbe bei andern Völkern eine besonderee Bedeutung gehabt haben. Sie hatten die blauen und weissen Flügel, welche dem Mercurius angedichgedichtet werden, ihre Bedeutung. *k*) Auch weiß man, was es zu bedeuten habe, wenn die Egyptier den Eneph oder den Schöpfer Himmels und der Erden in einem blauen Kleide vorstelleten *l*) und warum der Vulcanus

---

k) Die Ursachen davon gibt *Vossius* in seinem herrlichen Buch de theologia gentili pag. 19c. nach der Amsterdamer Ausgabe also an: Idem eo docet Macrobius, quod *pinnarum*, quas Aegyptii tribuunt Mercurio, una sit *alba* claraque; altera autem *caerulea*: ac illa signent tempus diurnum, cum hemisphaerium nostrum claro Solis lumine illustratur, altera indicent nocturnum tempus, cum caerula coeli prata, terrae umbra involuta, luce carent Solari.

l) *Pierius* in Hieroglyph. p. 566. gibt hievon diese Ursache an: Ideo coerulea veste indutum eum pingebant, vt coelestem illum esse significarent, et in coelo habitare, nullius coloris vel accidentis, mixtionisve participem, etiamsi nobis ea fortasse suscipere videatur. Hierbei muß ich noch dieß bemerken, daß bei den Ebräern die Edlen sind

aus mit einem blauen Hut abgebildet wurde *m*). Ich glaube aber nicht, daß diese Bedeutung bei dem Baierischen Wappen Statt finde *n*). Vielmehr glaube ich, daß man sich
bei

---

sind **Chorim** genennet worden, von der **himmelblauen Farbe**, worein sich der Adel im Morgenland kleidete, aus dem Grunde, weil die Edlen sollen himmlisch gesinnet und kluge Geister seyn.

m) Hievon schreibet der erst angezogene Auctor, S. 567. also: Ignis virtutem sub Vulcani, hoc est, hominis forma pingebant, in cuius capite *pileus erat coeruleus*, aetherae symbolum regionis, vbi integer purusque ignis invenitur. Was *Alciatus* in seinem Emblematibus pag. 422. von der blauen Farbe, die er colorem Maris nennt, beigebracht hat, das will ich hier nicht anführen, und auch dasjenige nicht, was Spelmann in der Aspilogia pag. 72. von dieser Farbe gesagt hat.

n) Eben so fabelhaft ist es, wenn man dem **Saturno die schwarze Farbe** zuschreibet

E und

bei den Kreuzzügen verabredet habe, was für eine Hauptfarbe iede Nation führen sollte. Und da mag die blaue Farbe auf die Baiern gekommen sein. Doch können sie selbige schon vorher geführet haben.

Nun habe ich alles gesaget, was ich von der blauen Baierischen Farbe hätte vorbringen können. Nun ist das, was ich in den Wappenbelustigungen ohne Beweis vortrug, auser allen Streit gesezet. Und nun würde

der

---

und daß sie die Standhaftigkeit, die Verschwiegenheit und Gedult anzeigen soll; Dem Jupiter die blaue Farbe, welche Eifer bedeuten solle; Die gelbe Farbe der Sonne, welche Freudigkeit und Begierde bedeuten solle, wegen ihres Glanzes und Schönheit ihres Metalls, nämlich des Golds. Die rothe Farbe aber, welche Zorn und Rachgier bedeuten solle, dem zornigen Mars. Dieß sind wol lauter Träume.

der berühmte Herr von Pfeffel mir gewiß beifallen; wenn er dieß lesen sollte oder könnte. An Eurer Hochwolgeborn Beifall zweifle ich ohnehin nicht. Denn Sie haben schon in einem Schreiben an mich das Bekenntnis abgeleget, daß die blaue Farbe die Hauptfarbe der Baiern gewesen seie. Und mir wird es zur sonderbaren Ehre gereichen, wenn Sie durch dasjenige, was ich hier vorgetragen, in dieser Meinung sind noch mehr bestärket worden. Zu einer Zeit werde ich die Ehre haben, meine Gedanken zu eröffnen, warum einige Herren des Scheierischen Hauses einen Adler geführet haben.

Jezt sollte ich schlüssen und Eurer Hochwolgeborn Gedult nicht länger misbrauchen. Aber, ich kann nicht umhin, Sie zu ersuchen, mir noch einige Augenblicke von Dero Aufmerksamkeit zu schenken. Ich will

F 2 zum

zum Beschluß noch die Frage beantworten: Was die Herzogen von Baiern möge bewogen haben, das alte Scheierische Wappenbild zu verlassen und dafür das noch gewöhnliche anzunehmen? Daß sie dieß nicht um der Grafschaft Bogen willen gethan haben, das ist schon oben gezeiget worden. Es mus also eine ganz andere Ursache seyn und vielleicht diese. Ohnfehlbar hat auch der unglückliche Pfalzgraf Otto, welcher den Kaiser Philipp ermordet, das Scheierische Wappenbild geführet. Er wurde als ein Königsmörder in die Acht erkläret. Er wurde auch als ein solcher Mörder und geächteter von dem Reichsmarschall hingerichtet. Deswegen wurde auch sein Residenzschloß Wittelsbach zerstöret. Und damit sollte sein Name und sein Andenken vertilget sein, mithin auch sein Familien Wappen. Die damals lebenden Herzogen

in

in Baiern waren mit diesem Pfalzgrafen einerlei Geschlechts und führten auch das Wappenbild, welches dieser hatte. Sollte sie der Unfall, welcher ihren nahen Anverwandten betroffen, nicht bewogen haben, ihr altes Wappenbild zu verlaßen und ein anderes anzunehmen, welches auch von ihrer Familie ist schon geführet worden? Dieß ist wol nicht gleich geschehen; weil der Herzog Ludwig I. das Scheierische Wappenbild noch im J. 1230. in seinem Schild geführet hat. Aber von seinen Nachfolgern ist dieß geschehen. Was dünket nun Euer Hochwolgeborn von diesem Einfall? Welche Ehre wäre dieß nicht für mich, wenn er von Ihnen Beifall erhielte!

Gott kröne Sie mit einer beständigen Gesundheit und lasse Sie zur Zierde des gelehrten Vaterlandes noch lange leben; damit
Sie

Sie noch mehrere solche vortrefliche Schriften, wie der Baierische Löwe ist, können an das Licht tretten laßen. Unter diesem treuen Wunsch empfehle ich mich und bin dabei ꝛc.

Markt Erlebach
am 29sten Jäner 1786.

www.ingramcontent.com/pod-product-compliance
Lightning Source LLC
Chambersburg PA
CBHW020243090426
42735CB00010B/1821